초저녁 사막의 하늘 위로 떠오른 달이
낙타에게 속삭입니다.
"너는 무엇을 원해?"
낙타가 대답을 합니다.
"내가 무엇을 원하는지,
나는 왜 한번도 내게 묻지 않았을까?
이제라도 생각해 보려고."

'나'

세바시 인생질문 2

나는 무엇을 원하는가

세바시는 2011년 5월 대한민국 최초로 콘서트 규모의 공개 강연회를 시작했습니다.
이후 10여 년간 매월 두 차례 이상 강연회를 열어 국내 강연 문화의 부흥을 이끌었습니다.
2020년 9월 유튜브에서 다양성 기반의 지식 강연 채널로는 유일하게 100만 구독자 보유를
달성했고 총 260여만 명의 소셜 미디어 채널 구독자를 보유한 브랜드로 성장했습니다.
국내 대표 강연 콘텐츠 브랜드 세바시는 세상의 다양한 질문과 생각, 경험을 강연 스토리에
담아 확산하고 그 이야기가 더 나은 삶과 세상을 위해 양질의 교육과 배움이 되는 것을
꿈꾸고 있습니다.

세바시 인생질문 2

나는 무엇을 원하는가

펴낸날	2020년 12월 14일 초판1쇄
	2022년 8월 11일 초판4쇄
지은이	세바시 인생질문 출판 프로젝트팀
펴낸이	구범준
펴낸곳	(주)세상을바꾸는시간15분
	출판등록_ 2019년 3월 19일 제 2019-000015호
	서울시 양천구 목동서로 159-1 CBS 7층
	T 070-7758-2102
	www.sebasi.co.kr
	friends@sebasi.co.kr
북프로듀서	이나미
구성작가	김혜령, 손수현
표지그림	기마늘
낙타그림	이연수
진행	연지영, 노상용
지원	우호진, 조승현, 김민주, 이슬아, 최준용, 최현경, 백예일, 김영은
편집/디자인	스튜디오바프

ISBN 979-11-972814-2-6
ISBN 979-11-972814-0-2 (세트)

세바시 인생질문 2

나는 무엇을 원하는가

세상을 바꾸는 시간 15

'나는 무엇을 원하는가'라는 질문을 던지며

살면서 자주 멈칫하게 되는 순간들이 있습니다. 그건 바로 선택의 순간들이지요. '오늘 저녁에는 무얼 먹을까'라는 일상적인 선택부터 '나는 어떤 일을 하며 살아갈 것인가'와 같은 인생을 좌우할 만한 선택까지. 그러한 선택의 순간들이 모여 삶을 만들어 갑니다. 지금까지의 시간도 그렇게 만들어져 왔지요. 삶은 선택의 연속이니까요.

만약 자신이 무엇을 원하는지를 충분히 고민해 보지 않았다면 중요한 선택의 순간마다 어렵고 막막했을 겁니다. 분위기에 휩쓸려 결정한 뒤 지나고 나서 후회하는 일이 생겼을 수도 있습니다. 부모님이나 주위 사람들의 목소리에 당신의 삶을 내맡기는 일도 더러 있었을 겁니다. 그런 선택들로 만들어진 삶 속에서는 공허감을 느낄 수 밖에 없습니다. 그리고 어느 날 묻게 되지요. '내가 진짜로 원하는 것은 무엇이지?'

지금부터 당신이 무엇을 원하는지에 대해 탐색하는 시간을 갖고자 합니다. 어떤 것이 당신을 즐겁게 움직이게 하는지, 그동안 몰랐던 내면의 순수한 욕구는 무엇이 있는지를 알아봅니다. 1부 '나는 누구인가'라는 질문을 통해 당신의 내면과 마주하며 스스로와 충분히 가까워졌다면, 2부 '나는 무엇을 원하는가'라는 질문은 당신과 세상을 연결짓는 작업이 될 것입니다. 더 나은 삶에 조금 더 가까워지는 작업이 되겠지요.

자유로운 삶은 자신이 원하는 것을 명확히 알고 그곳으로 나아갈 수 있을 때에 가능합니다. 지금부터 함께할 질문을 통해 당신 자신이 정말 원하는 것이 무엇이었는지 당신 자신이 하게 될 답에 귀 기울여 주시기 바랍니다. 질문을 도구 삼아 친구들과 대화를 나누는 것도 좋은 방법입니다. 가까이서 지켜봐 온 사람들의 얘기를 듣는 것도 중요하지만 대화 속에서 답을 찾게 되기도 하기 때문입니다.

혼자서 또는 함께 충분히 고민하여 답을 찾을 수 있다면 크고 작은 선택의 순간이 더 이상 괴로운 시간이 아닐 것입니다. 더 나은 삶을 향해가는 즐거운 갈림길이 되겠지요. 선택의 연속인 삶을 살아가는 데에 '자신이 무엇을 원하는지'만 명확히 알아도 훨씬 수월해 집니다. 그것이 불확실한 삶을 살아가는 당신에게 힘이 되어 줄 것이고요.

'나는 무엇을 원하는가'에 담긴 질문에 답을 찾는 과정이 '나다운 삶'에 더욱 가까워지는 길이 될 것이라 감히 말씀드립니다. 나아가 앞으로의 삶을 통해 만나게 될 선택의 순간이 얼마나 자유롭고 즐거운 기회가 될 것인지에 대해서도 살짝 귀띔의 말씀을 드리며 자, 이제 그 길을 향해 함께 출발하기로 해요.

1

각 질문의 '제목'에 해당하는 내용
입니다. 꼭 순서대로일 필요 없이
마음이 끌리는 제목을 '오늘의 질
문'으로 선택하세요.

2

질문의 주제를 중심으로 생각의
문을 열어줄 글입니다. 워밍업을
하듯 천천히 글을 읽으며 자신의
내면과의 대화를 시작해 보세요.

3

생각을 문장으로 구성하기에 앞
서 먼저 머릿속에 떠오르는 다양
한 단어, 짧은 표현 들을 나열해
보세요. 한꺼번에 칸을 모두 채우
려 하지 말고 생각이 날 때 추가
하는 방식으로 활용해 보세요.

4

보다 다양한 관점에서 생각을 이
끌어 낼 수 있도록 던져진 3개의
세부 질문을 중심으로 보다 디테
일하게 '나 자신'의 이야기를 꺼내
어 상황에 대한 설명, 배경에 대
한 설명을 더해 보세요. 문장의
형식을 갖추거나 완성하려는 노
력보다는 자신의 이야기 그 자체
에 집중하는 것이 더 중요합니다.

5

해당 주제와 관련하여 깊이 있는
영감을 줄 세바시 강연 라이브러
리를 참고해 보세요. 스마트폰의
QR코드 스캐너 앱을 활용하면 유
튜브에 올라 있는 영상을 바로
시청할 수 있습니다.

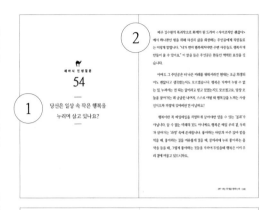

세바시 인생질문 2

나는 무엇을 원하는가

《세바시 인생질문》(전 3권)은 총 100개의 질문으로 구성됩니다.

세 바 시 인 생 질 문

33

———

당신의 꿈은

명사형인가요? 동사형인가요?

———

어릴 적 당신의 꿈은 무엇이었나요? 그리는 것이 좋았던 누군가는 디자이너가 되었을 것이고, 고치는 게 좋았던 누군가는 엔지니어가 되었을 것입니다. 그렇다면, 디자이너나 엔지니어가 된 이들에게 다시 꿈을 묻는다면, 그들은 어떤 대답을 할 수 있을까요?

어쩌면 우리의 꿈은 명사형이 아닌 동사형일 때 더 많은 가능성을 갖는지도 모르겠습니다. 꿈은 '직업'이 아닌, 말 그대로 '꿈'이 되어야 하니까요. 당신이 '무언가를 만드는 것'을 꿈으로 갖고 있다면, 작품을 만드는 조각가도, 빵을 만드는 파티시에도 될 수 있습니다. 건물을 만드는 건축가도, 곡을 만드는 작곡가가 될 수도 있겠지요. 이렇듯 '직업'은 '동사형의 꿈'을 이루기 위한 수단에 불과합니다. 꿈이 직업이나 명사형이 되는 순간, 우리의 꿈은 한계성을 갖게 됩니다. 남들보다 일찍 꿈을 이룬 사람들이 전에 없던 방황을 하거나 공허함을 느끼는 것도 모두 이 때문인지도 몰라요. 우리의 꿈은 동사형으로 존재할 때 더 많은 목표를 갖게 하고, 계속해서 달려가게 만드는 힘을 주니까요.

이쯤에서 다시 한번 당신의 직업은 무엇인지, 앞으로의 꿈은 무엇인지 묻고 싶습니다. 아까와는 조금 다른 답을 찾을 수 있을 것 같지 않나요?

# #

당신의 삶을 반올림할 해시태그

동사형으로 표현해 보는 자신의 꿈 :

\#

\#

\#

\#

\#

\#

\#

\#

\#

\#

\#

\#

1) 당신이 가진 명사형의 꿈과 동사형의 꿈엔 어떤 차이가 있나요?

2) 동사형의 꿈 중에 당신이 이룰 수 있는 꿈은 무엇일까요?

3) 그 꿈을 이루기 위해 어떤 계획을 세울 수 있을까요?

세바시 237회 | 직업을 버리고 꿈을 찾다 | 백희성

KEAB 건축사무소 대표이며, 2012년, 프랑스의 젊은 건축가에게 수여하는 폴 메이몽 상을 아시아인 최초로 수상한 실력 있는 건축가입니다. 꿈을 이루기 위해 건축가 외에 디자이너, 화가, 작가 등의 직업을 가지게 된 그는 그 과정에서 '꿈'과 '업'의 의미를 재정의하였습니다. 꿈을 이루기 위해 업은 도구일 뿐이라고 말하는 그의 철학은 이 한 문장 안에 여실히 나타나 있습니다. "제 직업은 백희성입니다."

세 바 시 인 생 질 문

34

—

당신이 정말 원하는 것과

중요하게 여기는 것은

무엇인가요?

—

다양한 온라인 커뮤니티에는 수많은 질문과 고민들이 가득합니다. '퇴사해도 될까요?'부터 '하고 싶은 게 없어요', '나는 무엇을 잘할 수 있을까요?'까지. 흥미로운 것은 대다수가 자신이 아니면 답을 알 수 없는 질문들이라는 점입니다. 아마도 명확한 답을 찾기가 어렵기 때문이기도 하고, 중요한 선택을 앞두고 선택에 대한 책임을 지는 것이 두렵기 때문이기도 하겠지요. 그만큼 인생에서 중요한 문제라는 뜻이에요.

우리는 타인을 찾기 전에 또 인터넷에 질문하기 전에 먼저 스스로 고민해 보아야 합니다. 자신의 삶에서 가장 중요한 것을 타인에게 내맡길 수는 없으니까요. 정답이 없는 질문에 답을 찾기 어려운 것은 누구에게나 당연합니다. 하지만 끝까지 치열하게 고민해 보는 것은 중요합니다.

스스로에게 질문하고, 충분히 고민하고, 머릿속에 떠오르는 것들을 글로 옮겨 보세요. 정답을 써야 한다는 의미가 아닙니다. 자신만의 언어로 자신이 정말 원하는 것, 그리고 자신에게 가장 중요한 것들을 적어 가다 보면 그 답이 조금씩 선명해지는 것을 알 수 있을 겁니다. 적어도 타인이 정해 주는 길보다는 자신에게 더 맞는 선택을 해나갈 수 있는 방법이지요. 불안한 미래를 대비하기 위해 할 수 있는 가장 확실한 준비라고도 할 수 있을 겁니다.

# #

당 신 의 삶 을 반 올 림 할 해 시 태 그

삶에 있어 당신이 중요하게 여기는 것 :

\#

\#

\#

\#

\#

\#

\#

\#

\#

\#

\#

\#

1) 자신의 삶에서 가장 중요하게 생각하는 '세 가지'를 꼽는다면 무엇인가요?

2) 그 '세 가지'를 선택하기 위해 포기해야 할 것이 있다면 무엇인가요?

3) 삶에 있어서 당신이 가장 중요하게 여기는 것을 실현하기 위해서는 어떤 노력이 필요할까요?

세바시 734회 | 믿지 말라, 그리고, 질문하라 | 송 길 영

인공 지능 및 빅 데이터 전문 기업 바이브컴퍼니의 부사장입니다. 수많은 사람들의 기록이 담겨 있는 빅 데이터를 연구하는 그는 스스로를 사람의 마음을 캐는 '마인드 마이너'라고 소개합니다. 그의 주장은 한결같습니다. 현기증이 날 정도로 급변하는 세상이지만, 내가 누구인지 알고 좋아하는 일은 무엇인지 끊임없이 질문한다면 진짜 정답에 이른다는 것입니다.

세 바 시 인 생 질 문

35

———

당신의 '버킷 리스트'는
무엇인가요?

———

2007년에 개봉한 <버킷리스트>라는 영화를 알고 있나요? 잭 니콜슨과 모건 프리먼이 주연을 맡은 이 영화로 인해 '버킷 리스트'라는 용어가 널리 쓰이게 되었지요. 영화는 시한부 선고를 받은 두 노인이 죽기 전에 꼭 해보고 싶은 일들을 목록으로 적으면서 시작되고, 엔딩 크레딧이 올라갈 무렵엔 굳은 결심을 하게 만듭니다. '아, 나도 나만의 버킷 리스트를 만들어 봐야겠다'고요.

마음속으로 꿈을 꾸는 것과 그 꿈을 버킷 리스트로 적어 보는 것에는 큰 차이가 있습니다. 완성한 리스트는 곧, 자신이 어떤 걸 좋아하는 사람이고, 또 어떤 삶을 추구하는 사람인지 말해 주기 때문입니다. 즉, 스스로도 몰랐던 모습을 발견하게 되는 것이지요.

버킷 리스트에 올라갈 꿈은 대단하거나 거창하지 않은 것이어도 좋습니다. 며칠만에 이룰 수 있는 것이어도 좋고, 오랜 시간이 필요한 것이어도 좋습니다. 그 꿈을 적는 날이 반드시 특별한 날이어야 하는 것도 아니지요. 오늘, 지금, 당장 하고 싶은 일들을 쭉 적어 보세요. 상황의 변화에 따라, 마음의 변화에 따라 계속해서 추가해도 좋고, 살짝 변경을 해도 괜찮습니다. 그렇게 하루하루를 소중히 대하는 자세, 그 하루하루가 모여 새로운 삶을 만들 수 있을 거라는 믿음이 중요하니까요.

# #

당 신 의 삶 을 반 올 림 할 해 시 태 그

당신의 버킷 리스트 :

\#

\#

\#

\#

\#

\#

\#

\#

\#

\#

\#

\#

1) 버킷 리스트 중 가장 먼저 이루고 싶은 것은 무엇인가요?

2) 그것을 이루기 위해서는 당장 어떤 일들을 시도해 봐야 할까요?

3) 버킷 리스트를 통해 새롭게 발견한 자신의 모습이 있다면 무엇인가요? 그것은 앞으로의 삶을 어떻게 변화시킬까요?

세바시 633회 | 대단하지 않아도 괜찮은, 버킷 리스트 | 구 작 가

'베니'라는 귀여운 토끼 이모티콘을 제작한 그림작가입니다. 청각장애인인 자신을 대신해 좋은 소리를 많이 들으라고 귀가 큰 토끼 캐릭터를 창조했습니다. 일상의 삶 속에서 소박한 희망을 찾고 싶다는 생각으로 대단하지 않아도 삶을 윤택하게 만들어주는 소소한 것들의 이야기를 모아 《그래도 괜찮은 하루》라는 책을 썼습니다. 이 또한 그의 버킷 리스트 중 하나였습니다.

세 바 시 인 생 질 문

36

―――

당신이 일을 하는 이유는

무엇인가요?

―――

직장생활을 하는 사람들의 모습은 다양합니다. 단순히 맡겨진 업무만 하면서 그럭저럭 살아가는 사람이 있는 반면 수동적인 업무만으로는 만족하지 않는 사람도 있지요.

일을 하는 데 있어서는 외적 보상도 중요하지만 내적 보상도 중요합니다. 월급이나 타인의 인정처럼 바깥에서 주어지는 것이 외적 보상이라면 자신의 내면 깊은 곳에서 주어지는 것이 내적 보상입니다. 스스로 느끼는 만족감과 보람, 기쁨과 효능감 등이 바로 그것이죠. 외적 보상이 다소 불충분하다 할지라도 내적 보상이 크다면 큰 어려움 없이 그 일을 지속할 수 있습니다. 그만큼 내적 보상이 중요하다는 거죠.

일에서 효능감과 만족감을 느낄 수 있는 방법은 여러 가지가 있습니다. 예를 들자면 스스로를 성장시키는 것, 더 나아가서는 타인의 성장에 기여하는 것 등이 있습니다. 일을 하는 만큼 자신이 성장하고 있음을 느낀다고 상상해 보세요. 고단한 업무나 야근임에도 기꺼이 해볼 만한 것이 되지요. '더 나은 사람'이 되어간다는 사실은 삶의 크나큰 동력이 되어 줍니다. 누가 시키지 않아도 정성을 들이게 됩니다. 자기 자신뿐 아니라 타인이 더 나은 사람이 되는 데에도 보탬이 된다면 더할 나위 없이 충만한 직장생활을 가꿀 수 있겠지요. 당신이 지금 하고 있는 일은 과연 내적 보상을 충분히 주는 일인가요? 점검이 필요합니다.

# #

당신의 삶을 반올림할 해시태그

지금껏 경험한 일 중 내적 보상이 높았던 일 :

#

#

#

#

#

#

#

#

#

#

#

#

1) 지금 하는 일에서 가장 큰 기쁨을 느낄 때는 언제인가요?

2) 그 일로 인해 스스로 어떤 변화와 성장을 겪었나요?

3) 자신의 일이 타인의 성장에도 보탬이 되려면 어떤 노력이 필요할까요?

세바시 773회 | 우리가 일하는 이유 | 박 찬 재
물류 벤처 기업 두손컴퍼니의 대표입니다. '사람이 곧 회사'라는 따뜻한 마케팅의 힘을 믿는 그는 일과 직원에 대한 생각 또한 특별합니다. 일을 '돈벌이 수단'이 아닌 '인간을 향상시키는 도구'라고 여기며, 사회적 가치를 실현하는 동시에 함께 성장할 수 있는 동료들과 함께 지속 가능한 사업 모델을 만들어 가고 있습니다.

세 바 시 인 생 질 문

37

———

당신은 스스로에게

의미 있는 일을 하고 있나요?

———

일이라는 것이 기쁨과 성취감만을 줄 수 있다면 얼마나 좋을까요? 하지만 대부분 그렇지 못한 게 사실입니다. 일에 대한 애정이 큰 만큼 실망할 일도, 지쳐 버리는 일도 생길 수밖에 없지요. 때때로 그것은 스트레스의 원인이 되기도 합니다. 그럴 때면 우리도 모르는 사이 이런 말이 튀어나옵니다. '아, 일이 뭐라고.'

만약, 일이라는 게 정말 '일' 그 자체가 되어 버린다면, 불만을 잠재울 해답은 영원히 찾을 수 없을지도 모릅니다. 하지만 일이 가진 의미를 알고 있다면 이야기는 완전히 달라질 수 있어요. 아무리 존경받고 부러움을 사는 일일지라도 그 일을 하는 사람이 의미를 찾지 못한다면 그보다 더 불행한 일은 없을 겁니다. 일이라는 것은 그 의미와 가치가 있을 때 비로소 반짝반짝 빛이 나기 마련이니까요.

일본 애니메이션의 거장 미야자키 하야오는 한 인터뷰에서 이런 말을 한 적이 있습니다. 내가 그림을 그리는 이유는 세상 모든 아이들에게 세상은 살아갈 만한 가치가 있는 곳이라는 걸 알려 주기 위해서라고. 일을 통해 살아가는 의미를 찾는 것, 그로 인해 삶이 더욱더 풍요로워지는 것, 그게 우리가 하는 일을 오래도록 사랑할 수 있는 가장 강력한 비결이 아닐까요?

# #

당신의 삶을 반올림할 해시태그

자신이 하는 일을 통해 찾고자 하는 의미 :

\#

\#

\#

\#

\#

\#

\#

\#

\#

\#

\#

\#

1) 어떤 목적, 어떤 과정을 통해 지금의 일을 하게 되었나요?

2) 업무로 인한 스트레스가 생겼을 때 어떤 생각을 하며 스스로를
돌보나요?

3) 자신이 지금 하는 일이 세상에 어떤 가치를 주고 있다고 생각하나요?

세바시 948회 | 일의 스트레스를 다스리는 기술 | 김 병 수
김병수 정신건강의학과 의원의 원장입니다. 한국인의 고달픈 마음을 치유하는 의사로 직장인의 스트레스, 중년 여성의 우울, 마흔의 사춘기 등 한국적 특성에 기초한 세대별, 상황별 아픔에 주목합니다. 단순 이론을 적용시키는 치유가 아닌, 내담자의 삶을 들여다보고 그 속에서 의미를 찾아내는 과정을 통한 근본적인 치유를 통해 많은 이들을 회복의 길로 이끌고 있습니다.

세 바 시 인 생 질 문

38

———

당신이 생각하는 '직업'과 '직장'의

차이는 무엇인가요?

———

동료들과 술 한잔 기울일 때면, 직장을 그만둔 후에 어떤 일을 할 건지에 대해 자연스럽게 대화를 나누게 됩니다. 연차가 쌓일수록 일에 능숙해지기는 하지만, 한편으론 두려운 마음이 생기는 게 사실입니다. 50세 전후에 찾아오는 '퇴직'이란 것 때문이겠지요. 누구나 평생직장을 가질 수 있다면 좋겠지만, 그렇지 않은 상황이라면 우리는 조금 다른 시각을 가져야 할지도 모르겠습니다. '직장'과 '직업'이 의미하는 그 미묘한 차이에 대해서 말입니다.

'직장'이라는 곳을 남들과는 다른 나만의 '직업'을 찾기 위해 거치는 곳이라고 생각해 보세요. 그 생각은 우리를 '직장'이 아닌 '직업'에 집중할 수 있도록 만듭니다. 자신이 잘할 수 있고 꾸준히 애정을 가질 수 있는 직업은 직장을 그만둔다고 사라져 버리는 게 아닙니다. 누군가는 직장에서 얻은 직업을 계속해서 이어 가기도 하고, 또 누군가는 직장 밖에서 자신만의 취미활동을 통해 다음 직업을 준비하기도 합니다. 직장과는 별개로, 우리에겐 평생 동안 열정을 가지고 할 수 있는 '직업'이 꼭 필요하지요.

그렇게 찾은 자신만의 직업은 분명 미래의 삶을 더 풍요롭게, 더 안정적으로 만들어 줄 것입니다. 직장을 떠나게 되더라도 오래도록 함께할 직업이 남을 테고, 그 직업에 퇴직이란 존재하지 않을 테니까요.

당 신 의 삶 을 반 올 림 할 해 시 태 그

직업으로 삼을 만큼 좋아하는 일 :

#

#

#

#

#

#

#

#

#

#

#

#

1) 현재까지 가장 즐겁게 몰두했던 일이나 취미는 무엇인가요?

2) 그 경험은 어떻게 직업으로 이어질 수 있을까요?

3) 직업과 관련이 없다면, 어떤 방법을 통해 전문성을 가질 수 있을까요?

세 바 시 인 생 질 문

39

———

당신은 스스로를 성장시키는

좋은 습관을 갖고 있나요?

———

우리는 좋은 습관을 만들기 위해 매일 다짐하고 노력합니다. 한 달에 한 권 꼭 책을 읽으리라 다짐하며 출근길에 책을 챙기고, 오랫동안 할 수 있는 운동을 찾기 위해 집 근처 스포츠 센터를 서성입니다. 이 단계까지 가는 건 크게 어렵지 않지만, 그 다짐을 계속해서 이어 가기란 쉽지 않습니다. '작심삼일'이라는 말이 괜히 있는 게 아니겠지요. 그럴 때마다 우리는 초심을 떠올려 보곤 합니다. 처음의 마음이 그대로 유지된다면 습관으로 만드는 데 실패하는 일은 없을 테니까요.

그럼에도 불구하고, 우리의 일상에 습관으로 자리한 것들은 공통점이 있는 것 같습니다. 점점 나아지고 있고, 성장하고 있다는 걸 느끼게 해 준다는 점이에요. 우리는 그 느낌을 통해 행복감과 만족감에 다다를 수 있습니다. 자신에게 찾아온 기분 좋은 변화, 그게 곧 꾸준함을 만드는 원동력이 되는 것이지요.

최근 새롭게 시작한 일이 있다면, 아주 사소한 변화라도 기록해 보는 시간을 가져 보세요. 그저 뿌듯한 기분만 기록해도 좋습니다. 그 기록이 곧 변화하고 있다는 사실을 증명해 줄 테니까요. 더도 말고 덜도 말고 66일 동안만. 습관으로 자리잡는 데 필요한 이 최소한의 기간을 잘 지켜 낸다면, 당신은 뭐든지 해낼 수 있다는 용기를 가질 수 있을 것입니다.

당신의 삶을 반올림할 해시태그

작심삼일로 끝난 다짐 :

#

1) 가장 아쉬움이 남는 다짐은 무엇인가요?

2) 실패로 끝난 원인은 무엇이라고 생각하나요?

3) 다시 실천하기 위해서는 어떤 조정이 필요할까요?

세바시 815회 | 66일 습관의 기적 | 강 성 태

'공부의 신'이라고 불립니다. 빈부와 지역에 상관없이 모든 학생들에게 멘토를 만들어 준다는 모토 아래 세워진 공신닷컴의 대표이기도 합니다. 대한민국에서 공부 잘하기로 소문난 그가 강조하는 공부법에는 '습관'이 중심에 있습니다. 무엇을 하든 66일간 지속하면 습관이 된다는 그의 습관형성지론은 실제 많은 학생들의 공부에 긍정적인 변화를 만들어 내고 있습니다.

세 바 시 인 생 질 문

40

———

당신은 경쟁 사회 안에서

함께 행복해지는 방법을 알고 있나요?

———

우리는 성장하면서 경쟁 시스템에 익숙해져 왔습니다. 학교에서는 성적으로 줄을 세우고, 취업 시장에서는 냉정하게 합격과 불합격으로 구분짓습니다. 그뿐인가요. 직장에서도 업무 성과로 날카롭게 평가를 하다보니 어디에도 경쟁 아닌 것이 없습니다. 그렇듯 사람들은 경쟁에서 살아남느라 마음의 여유를 갖기 어렵습니다.

물론 시스템 자체를 바꿀 수는 없습니다. 먹고 살려면 취업을 해야 하고, 취업이 되기 위해서는 먼저 시험을 통과하여 합격자가 되야 하겠지요. 당신이 합격하면 누군가는 불합격이 될 것이고요.

경쟁 사회를 살아가며 혹여라도 우리의 생각이 '저 사람을 밟고 올라서야만 내가 살아남을 수 있어'라는 식으로 고정된다면 우리는 점점 더 고립되고 시야는 더욱더 좁아지게 됩니다. 경쟁에 패배자가 되지 않겠다는 데에만 급급하여 그밖의 것들을 살필 겨를이 없어집니다. 그 과정에 주변 사람들을 보지 못하고, 급기야 타인에게 상처를 주고 있는지도 모르는 채 앞만 보고 달리게 되는 거지요.

우리가 함께 행복해지는 길이 곧 자신의 더 큰 행복과 이어진다는 것을 잊어서는 안 됩니다. 각박한 경쟁 사회 속에서 불행한 삶을 살게 되지 않도록 말이죠. 어떻게 하면 '함께' 행복할 수 있을지 고민하고, 주변을 살필 수 있기를 바랍니다.

# #

당신의 삶을 반올림할 해시태그

경쟁 사회 속에서 갖게 된 강박 관념 :

\#

\#

\#

\#

\#

\#

\#

\#

\#

\#

\#

\#

1) 학창 시절이나 사회생활을 하면서 경쟁으로 인해 힘들었던 경험이 있다면, 언제인가요?

2) 합격 혹은 불합격 사이에서 얻은 깨달음이 있다면 무엇인가요?

3) 경쟁 사회 속에서 함께 행복해지려면 어떤 마음가짐이 필요할까요?

_____

_____

_____

_____

_____

_____

_____

_____

_____

_____

 세바시 1152회 | 경쟁 속에서 불행한 사람들에게 양준일이 전하는 이야기 | 양 준 일

가수입니다. 한국에서의 짧은 활동을 뒤로하고 미국으로 떠났지만, 팬들의 소환으로 19년 만에 활동을 재개했습니다. 힘든 시절을 이겨 내며, 또 교육의 현장을 경험하며 경쟁이 사람을 얼마나 불행하고 피폐하게 만드는지 보았습니다. 누구에게나 만만치 않은 삶이지만 함께 행복해져야만 하는 이유를 깨달았습니다. 조금 더뎌 보여도 그것이야말로 모두를 위한 길이며, 각자를 위한 길이기 때문입니다.

세 바 시 인 생 질 문

41

——

당신은 함께일 때 더 가치 있는 삶을

경험해 본 적이 있나요?

——

앞만 보고 달려가는 사람들을 보면 살아남아야 한다는, 경쟁에서 이겨야 한다는 생각으로 가득한 것 같습니다. 사회는 계속해서 경쟁을 부추깁니다. 그만큼 열심히 살아도 안정을 찾기 어려운 시대이지요. 하지만 그렇게 치열하게 살아도 좀처럼 마음이 충족되지 않는 이유는 무엇일까요.

'나만 잘하면 돼', '나만 많이 벌면 돼'라는 생각이 더욱 외롭고 힘든 길을 가도록 만드는 건 아닐까 싶습니다. 하지만 인간은 누구도 완전하지 못하고 혼자서는 결코 힘든 시기를 견뎌 낼 수 없어요. 혼자임에 익숙해 있던 사람들은 함께하는 것이 어렵게 느껴질 수도 있습니다. 하지만 우리가 각자의 불완전함을 인정한다면 어떨까요. 모두가 각기 다른 강점과 약점이 있다는 것을 알고 나면 어렵지 않게 도움을 요청해 볼 수도 있을 겁니다. 그제야 비로소 주위를 둘러볼 여유도 생길 것이고요.

스스로가 불완전하다는 것을 인정하고 타인 또한 자신처럼 부족할 수밖에 없음을 이해하는 것, 그리하여 서로 의지하여 함께 걸어갈 수 있는 것, 그것이 이 거친 경쟁 사회에서 안전하게, 그리고 든든하게 살아가는 법이 아닐까요.

당신의 삶을 반올림할 해시태그

함께일 때 더 수월해지는 일 :

\# _____

\# _____

\# _____

\# _____

\# _____

\# _____

\# _____

\# _____

\# _____

\# _____

\# _____

\# _____

1) 혼자서도 잘해 낼 거라고 생각했지만, 그렇지 못했던 경험이 있나요?

2) 반대로, 서로 의지하면서 더 나은 결과를 얻은 적이 있나요?

3) 타인의 어떤 점이 당신의 부족한 점을 채워 주었다고 생각하나요?

세바시 736회 | 나는 당신이 필요합니다 : 연대에 대하여 | 서 천 석

정신건강의학과 전문의이자 행복한아이연구소 소장입니다. 진료실에서는 물론 여러 매체에서 활발히 활동하며 원칙의 나열이 아닌, 현실적인 답을 주는 의사라는 평을 받고 있습니다. 여러 방송을 통해 그는 '진정한 위로는 자신에 대해 제대로 알고, 타인을 정확히 이해하는 데서 출발한다'고 말합니다. 나와 타인의 이해를 통한 연대는 살아가는 데 있어서 반드시 필요하기 때문입니다.

42

———

당신 곁엔 서로의 다름을 인정해 주는

사람들이 있나요?

———

누구나 약점을 갖고 있습니다. 정말 완벽하다고 느껴지는 사람일지라도 말이죠. 그러나 그 약점을 스스로 드러내고 인정하기는 쉽지 않습니다. 그럼에도 불구하고 서로에게 마음을 열고 각자의 약점을 털어놓을 수 있는 건, 서로의 다름을 이해하는 과정을 통해 함께 성장하는 관계가 존재하기 때문일 겁니다.

회사에서 새로운 프로젝트를 시작할 때 팀원들은 각자의 방식으로 업무를 해나갑니다. 누군가는 보고서를 작성하기에 앞서 충분히 머릿속으로 먼저 생각을 하고, 또 누군가는 일단 떠오르는 것들을 적어 내려가면서 해야 할 일을 정리하기도 합니다. 전체적인 윤곽을 잘 보기는 하지만 디테일이 부족한 사람이 있는가 하면, 세심한 것들을 꼼꼼히 짚어 내기는 하지만 전체를 파악하는 일이 더딘 사람도 있을 겁니다. 그 안에서 우리는 자연스럽게 서로의 강점과 약점, 그리고 다른 점을 발견하게 되지요.

이때 서로를 성장하게 만드는 관계는 각자가 지닌 강점만큼 약점을 이해하며 다름을 인정하는 관계입니다. 그 안에서 우리는 서로를 보완할 수 있는 관계로 발전할 수 있습니다. 각자의 약점은 서로의 인정과 이해를 만나 '우리'라는 이름 안에서 충분히 극복될 수 있음을 잊지 마세요.

# #

당 신 의 삶 을 반 올 림 할 해 시 태 그

당신이 알고 있는 스스로의 강점과 약점 :

\#

\#

\#

\#

\#

\#

\#

\#

\#

\#

\#

\#

1) 당신의 약점을 누군가에게 솔직하게 털어놓은 경험이 있나요?

2) 누군가가 자신의 약점을 털어놓았을 때 어떤 생각이 들었나요?

3) 서로의 약점을 받아들인 후, 관계는 어떻게 달라졌나요?

세 바 시 인 생 질 문

43

———

함께 성장하기 위해

당신은 무엇을 나눌 수 있나요?

———

우리는 그동안 입시, 취업 등을 치열하게 준비하면서 혼자 공부하는 데에 익숙해져 있지 않나 생각해 봅니다. 배움을 나누고 함께 알아 가려고 하기 보다는 당장의 목표를 성취하기 위해 외로운 길을 가는 경우가 많았지요.

하지만 혼자서 하는 공부는 성장의 한계가 있습니다. 한 사람의 지식과 경험에만 머무르면 자칫 편협한 태도를 가질 수 있기 때문입니다. 그런 이유로, 다양한 생각을 지닌 사람들과 함께 공유하고 토론하는 과정의 필요성, 그리고 그와 같은 활동이 원활하게 일어날 수 있는 공동체의 중요성을 절감하게 됩니다. 요즘은 온라인 세상이 커지고, 협업이 강조되면서 더더욱 함께 나누고 돕는 활동이 다양해지고 있습니다.

'멀리 가려면 함께 가라'는 말이 있지요. 이제는 자신만이 아니라 속해 있는 공동체와 주변 사람들과 함께 어떻게 성장해 나갈 것인가를 고민할 때입니다. 디지털 시대를 살아가는 우리는 온라인을 활용해 다양한 방식으로 지식을 나눌 수 있어요. 지식과 경험을 기쁜 마음으로 타인과 나눌 수 있을 때 비로소 자신도 더 크게 성장할 수 있습니다. 나아가, 공동체의 성장에 기여하려는 넓은 마음은 더욱 멀리 나아가게 하겠지요.

# #

당신의 삶을 반올림할 해시태그

속해 있는 공동체와 함께 나누고 싶은 것 :

\#

\#

\#

\#

\#

\#

\#

\#

\#

\#

\#

\#

1) 함께 공부하는 가운데 생기는 시너지 효과의 이유는 무엇 때문일까요?

2) 타인의 성장을 돕기 위해 한 일이 자신을 성장시킨 경험이 있나요?

3) 당신이 가진 지식이나 재능을 나누기 위해 어떤 방법을 활용해 볼 수 있을까요?

세바시 1156회 | MS, 구글 등 글로벌 기업이 주목하는 인재의 조건 | 이 소 영

마이크로소프트의 아시아 총괄 리전 매니저로서, 한국뿐 아니라 전 세계 IT 커뮤니티 리더의 성장과 발전을 돕고 있습니다. 그는 인재란 혼자 뛰어난 역량을 지닌 사람이 아니라 소통, 공감, 나눔의 정신을 보유하고 이를 실행하는 커뮤니티 리더라고 말합니다. 그가 쓴 책의 제목을 《홀로 성장하는 시대는 끝났다》라고 지은 이유입니다.

세 바 시 인 생 질 문

44

———

당신은 어떤 동료가

되어 주고 싶은가요?

———

회사는 다수의 사람이 공동의 목표를 향해 함께 나아가는 구조를 갖고 있습니다. 한 팀을 이룬 사람들은 때때로 가족보다도 더 많은 시간을 보내기도 하지요. 그 과정에서 어떤 동료와는 죽이 참 잘 맞는 반면, 어떤 동료와는 자꾸만 갈등이 생기기도 합니다. 갈등이 깊어지면 매일 가야 하는 직장이 순식간에 지옥이 되어 버립니다. 오죽하면 사람 힘든 것보다 일이 힘든 게 낫다고들 할까요. 그만큼 사람 사이의 문제는 참 어려운 것 같습니다.

여기서 잠깐, 동료와의 관계를 친구와의 관계라고 생각해 보면 동료를 바라보는 관점이 조금은 달라지지 않을까 싶습니다. 다양한 성격의 친구가 있듯, 동료도 마찬가지입니다. 문제를 해결하는 방식도, 대화를 풀어 가는 방식도 모두 다를 겁니다. 다만, 그 방식이 너무 이기적이어서는 안 되겠지요.

나와 맞지 않는 동료가 있듯, 나 또한 누군가에겐 그런 동료일 수 있음을 아는 것도 중요합니다. 그 사실을 인지하는 것만으로도 우리는 조금 더 서로의 의견에 귀를 기울이고 존중하는 자세를 가질 수 있게 됩니다. '좋은 사람을 만나고 싶다면, 먼저 좋은 사람이 돼라'는 말이 비단 사랑하는 사이에만 해당되는 건 아닐 테니까요.

# #

당신의 삶을 반올림할 해시태그

인상적이었던 동료의 모습 :

#

#

#

#

#

#

#

#

#

#

#

#

1) 당신이 특히 좋아하고 신뢰하는 동료는 어떤 특징, 어떤 모습을
가지고 있나요?

2) 그런 특징을 가진 동료들과 일할 때 드는 감정과 새롭게 배우게
되는 것은 무엇인가요?

3) 그 사람에게 당신은 어떤 동료가 되어 주고 싶은가요?

세바시 931회 | 일 잘하는 마케터가 되기 위해 진짜 중요한 것 | 장인성

우아한형제들의 CBO이며, 《마케터의 일》이라는 책을 썼습니다. 신나게 일하는 것에 관심이 많은 터라 그가 동료들과 벌이는 일을 보면 업무인지 놀이인지 구분이 안 갈 때가 있습니다. 배민 치믈리에 자격 시험, 배민 신춘 문예, 배민 팬클럽 베짱이 등 그 모든 일을 즐겁게 할 수 있는 비결에 그는 이렇게 대답 합니다. "내가 먼저 좋은 동료가 되었더니 좋은 동료가 생겼고, 우리는 그저 즐겁게 일을 합니다."

세 바 시 인 생 질 문

45

———

당신은 주변에 어떤 영향을 주는

사람이 되고 싶나요?

———

우리를 둘러싼 모든 것은 삶에 영향을 끼칩니다. 특히 일상에서 마주치는 주변 사람들은 우리의 가치관이나 행동에 변화를 주기도 합니다. 엄마의 걸음걸이를 똑 닮은 딸, 비슷한 버릇을 가진 친구들처럼 우리가 보고 접하는 것들은 알게 모르게 서로의 모습을 변화시킵니다. 이러한 사실은 우리 또한 누군가에게 영향을 줄 수 있는 존재임을 의미합니다.

당신도 한 번쯤 들어 본 적이 있을 겁니다. 누군가의 선행이 또 다른 사람의 선행으로 이어지는 '선행 릴레이'에 대해 말이죠. 연예인이나 유명인사의 이야기가 아니더라도, 우리 일상에서 마주친 선행에 관한 미담은 큰 울림을 남깁니다. 이런 사례들만 보더라도 우리는 '내가 잘 사는 법'이 아닌 '함께 잘 사는 법'이 무엇인지 짐작할 수 있습니다.

지금 이 순간, 머릿속에 떠오른 누군가의 모습이 있는지 궁금합니다. 혹시 그것으로 인해 당신의 생각이 바뀐 경험이 있는지도요. 그 생각은 당신의 일상에 어떤 변화를 가져다주었을까요? 우리가 인식하지 못하는 동안에도 우리 주변에서는 수많은 변화가 일어날 수 있답니다. 열 마디의 말보다 더 강력한 건 한 번의 진실된 행동이니까요.

# #

당 신 의 삶 을 반 올 림 할 해 시 태 그

당신 삶에 영향을 끼친 누군가의 행동 :

\#

\#

\#

\#

\#

\#

\#

\#

\#

\#

\#

\#

1) 당신에게 가장 많은 영향을 준 사람은 누구인가요? 어떤 측면에서 그러한가요?

2) 그 사람으로 인해 당신의 일상은 어떻게 달라졌나요?

3) 당신은 주변에 어떤 영향을 주는 사람이고 싶나요?

세바시 1217회 | 진짜 인플루언서로 사는 법 | 황 태 환

기업가이며, 유튜브 채널 <비글부부>의 운영자입니다. 일명 '하준파파'라고 불리며, 소셜 미디어에서
가족의 일상과 생각을 영상과 이미지 콘텐츠에 담아 대중에게 전하는 가족 인플루언서이기도 합니다.
2020년 초여름, 부부는 둘째 아기와 사별하는 큰 슬픔을 겪었습니다. 이 일은 부모의 삶이 어떠해야 하
는지를 깨닫는 계기가 됩니다. 그 깨달음은 부모야말로 자녀에게 진짜 인플루언서라는 사실입니다.

세 바 시 인 생 질 문

46

—

당신의 작은 도전이 세상을 변화시킬 수
있다는 걸 알고 있나요?

—

때때로 우리는 주어진 환경에 대해서 불만을 갖기도 합니다. 작게는 자신의 가족, 나아가 학교나 직장처럼 소속된 집단, 넓게는 국가에 대해서까지 비관하고 비판하는 마음이 생기기도 합니다. 그런 경우 대체로 '환경이 나에게 무슨 도움을 줄 수 있는지'가 주된 관심사가 됩니다. 최근 자주 등장하는 '흙수저, 금수저'라는 표현만 보아도 알 수 있습니다. 그 안에는 부모로부터 무엇을 받을 수 있는지에 대한 수동적 삶의 태도가 담겨 있습니다.

하지만 거기서 방향을 바꾸어 '내가 환경을 어떻게 바꿀 수 있을지'에 대해 무게를 둘 수 있다면 이야기는 달라집니다. 가정 또는 지역 공동체나 직장, 나아가 세상을 위해 자신이 무엇을 할 수 있을지에 대해 생각해 보는 겁니다. 주어진 것을 수동적으로 받아들이기만 하는 것이 아니라 능동적으로 변화시킬 수 있는 존재가 되어 보는 거지요.

물론 이것은 타인에 대한, 무엇보다도 자신이 속하여 살아가고 있는 세상에 대한 애정과 관심 없이는 어려운 일입니다. 세심한 관찰과 고민이 수반되어야 하는 작업이기도 하지요. 그러나 혹 그럴 수만 있다면 세상을 바라보는 우리의 시야는 놀라우리 만큼 넓어지게 될 겁니다. 수동적으로 살아갈 때에는 결코 볼 수 없었던 것들을 보게 되고 더더욱 능동적이고 적극적인 태도로 살아가는 삶이 될 겁니다.

# #

당신의 삶을 반올림할 해시태그

더 나은 세상을 위한 당신의 작은 도전 :

#

#

#

#

#

#

#

#

#

#

#

#

1) 어떤 일을 주어진 대로 하기보다는 더 나은 방법을 찾아 고민한 적이 있나요?

2) 자신에게 주어진 일을 더 나은 일로 바꾸기 위해 상대를 설득한
적이 있나요?

3) 주어진 상황을 더 나은 것으로 만들기 위해 도전하는 데 가장 큰 걸림돌이 되는 것은 무엇인가요?

세바시 1147회 | 내가 변화를 주도하면 바뀌는 것들 | 금 난 새

클래식 음악 대중화에 큰 기여를 한 지휘자입니다. 권위 대신에 친근함으로 대중에게 가까이 다가선 음악가이자, 늘 새로운 도전으로 음악 공연계에 창의와 혁신을 만들어 낸 리더입니다. 그는 다양한 장애물과 부딪히고 변화의 돌파구를 찾는 우여곡절을 반복할 때마다 말합니다. '누군가를 위해 내가 할 수 있는 것이 무엇인가를 고민할 때, 내 삶이 변화하기 시작했다'고.

세 바 시 인 생 질 문

47

———

당신이 스펙보다 더 가치 있게

여기는 경험은 무엇인가요?

———

언제부턴가 '스펙'이라는 단어가 유행처럼 사용되고 있습니다. '스펙'의 뜻을 검색하면 '직장을 구하기 위해 필요한 학력, 학점, 토익 점수 따위를 합하여 이르는 말'이라고 나옵니다. 그런데 스펙은 취업뿐만이 아니라 사람의 등급을 나누는 기준처럼 아주 무서운 잣대가 되어 가고 있습니다. 마치 성적과 등수로 학생의 가치가 매겨지는 것처럼 스펙으로 한 사람의 가치가 결정되어지는 건 아닐까 하는 두려운 생각도 듭니다. 종이 한 장으로 한 사람의 인생을 판단한다는 건 불가능한 일임에도 말입니다.

취업의 문이 워낙에 좁아진 요즘, 스펙의 중요성이 높아진 것은 이해합니다. 하지만 사람의 진정한 가치를 소외시켜서는 안 되지요. 무엇보다 스스로를 보기 좋게 정렬된 '스펙'으로 설명하려 한다는 것은 너무나 위험한 태도입니다. 남들의 평가에 앞서, 자격증이나 성적으로 스스로를 평가하고 있지는 않았는지 돌아보아야 합니다.

우리는 이력서와 자기 소개서에 나열된 항목만으로는 다 설명할 수 없는, 훨씬 더 큰 사람입니다. 경험, 생각, 언어, 꿈, 가치관 등 무수히 많은 요소들은 스펙으로 대체할 수 없는 것이지요. 사람들의 평가나 시선에 국한되어 스스로를 한정 짓기보다는 자신만의 세계를 무한히 확장해 나갈 수 있어야 합니다.

# #

당신의 삶을 반올림할 해시태그

스펙보다 더 가치 있었던 경험 :

\#

\#

\#

\#

\#

\#

\#

\#

\#

\#

\#

\#

1) 당신이 쌓은 '스펙'에는 어떤 것들이 있나요?

2) 당신이 가치 있게 여기는 경험들은 스펙과 어떤 차이가 있을까요?

3) 그 경험들로부터 새롭게 발견한 자신의 모습, 또는 깨달음이 있나요?

_____

_____

_____

_____

_____

_____

_____

_____

_____

_____

_____

세바시 241회 | 마음껏 꿈꾸고 계획하고 행동하라 | 김현유
구글의 아시아 태평양 총괄 전무로 일하고 있습니다. 그는 한국의 대기업 근무 경험과 글로벌 기업 구글에서 얻은 경험을 토대로 일과 삶을 성장시키는 방법을 이야기합니다. 사람을 성장시키는 것은 겸손한 묵묵함과 인내가 아니라 용기 있는 목소리와 과감한 실천이라고 강조합니다.

세 바 시 인 생 질 문

48

———

당신을 전문가로 성장시켜 줄

'경우의 수'를 쌓아 가고 있나요?

———

스펙과 닮은 구석이 있지만, 조금 더 깊이가 있는 단어로 '경험'을 꼽고 있는 이유에 대해 생각해 봅니다. 스펙과 경험이 어떻게 다른지를 헤아려 볼 필요가 있는 것이지요. 스펙은 결과를 통해 성공과 실패를 명확히 구분 짓고 대부분 성공의 경험만을 인정합니다. 그것도 남들이 다 알아줄 만한 그런 내용이어야 하는 것이지요. 명문 대학의 학위증이나, 자신의 능력을 증명해줄 만한 자격증, 권위 있는 기관에서 수여하는 상장, 이름만 대면 알만한 곳에서의 취업 경험 등이 그러합니다.

스펙과는 대조적으로 경험은 그 범위가 훨씬 넓습니다. 성공의 경험은 물론이거니와 실패의 경험을 통해서도 반드시 얻는 게 있지요. 적어도, 다시는 실패하지 않을 수 있는 '경우의 수'를 남깁니다. 우리가 시도한 방식의 아쉬운 점이나 극복해야 할 점을 고민하게 만들고, 이를 통해 다양한 '경우의 수'를 쌓아 가게 만든다는 부분에서 경험은 스펙과 큰 차이가 있는 것입니다. 남들이 알아주는 일이 아니어도 자기 자신에게는 큰 의미와 가치를 주는 경험도 많지요. 각자가 그 경험을 어떻게 받아들이냐에 따라 어떤 경험이든 다 쓸모가 있다고 말할 수 있어요.

심리학자 앤서니 로빈스는 말했습니다. 이 세상에 실패는 없다고. 단지 미래로 이어지는 결과가 있을 뿐이라고. 그 미래를 더 밝게 만들어 가는 것, 당신을 한 분야의 전문가로 성장시키는 것은 분명 더 많은 경험, 더 많은 '경우의 수'일 것입니다.

# #

당신의 삶을 반올림할 해시태그

경험으로부터 얻은 자신만의 '경우의 수' :

#

#

#

#

#

#

#

#

#

#

#

#

1) 실패의 경험에서 얻은 '경우의 수'는 어떤 것들이 있나요?

2) '스펙'에 포함시킬 만큼 대단한 성공은 아니지만 개인적인 성취감을 가져다준 '경우의 수'는 어떤 것들이 있나요?

3) 더욱 다양한 '경우의 수'를 쌓기 위해 도전해 보고 싶은 일은 무엇인가요?

세 바 시 인 생 질 문

49

———

당신은 A.I.가 대체할 수 없는 사람인가요?

———

기술이 발달하면서 인간의 일자리가 줄어들고 있습니다. 점차 많은 종류의 일을 A.I.가 대체할 수 있다고 하지요. 사람의 자리가 로봇으로 채워지는 미래라니, 상상이 잘 안 되기는 하지만 막연한 위기감이 들기도 합니다.

인간은 누구나 우주 안에 단 하나뿐인 유일무이한 존재입니다. 모든 생명은 자기만의 고유한 결이 있고 향기를 가지고 있어요. 하지만 인간이 오랜 시간 표준화된 교육에 길들여지면서 점점 규격화되어 버린 건 아닌가 하는 염려가 됩니다. 규격화가 된다는 건 각 개인의 고유성을 잃는다는 것이고, A.I.가 대체하는 것이 수월해진다는 의미일 겁니다. 스스로 생각하기보다는 정답을 맞추는 데 익숙한 우리가 A.I.에게 자리를 빼앗기는 건 당연한 결과가 될 거고요.

A.I.가 대체할 수 없는 인간으로 성장하기 위해 정말로 필요한 것은 무엇일까요. 기계적으로 지식을 쌓는 공부는 분명 아닐 겁니다. 자발적인 동기를 가지고 무언가를 배우고 흥미를 느끼는 데서 자기만의 고유한 색깔과 가치를 키워 갈 수도 있을 겁니다. 또 계속해서 고민하고 생각을 넓혀 나가는 동안 점점 더 또렷해지겠지요. 그렇게 자신의 가치를 잃지 않고 지속적으로 성장해 나갈 수 있다면 우리의 존재가 A.I.에 의해 대체되는 일은 없으리라는 믿음을 가져 봅니다.

# #

당신의 삶을 반올림할 해시태그

인간만이 가질 수 있는 유일무이한 가치:

#

#

#

#

#

#

#

#

#

#

#

#

1) A.I.가 대체할 수 없을 거라고 생각하는 일자리는 무엇인가요?

2) A.I.로 인해 더 효율적으로 돌아갈 일은 무엇일까요?

3) 대체 불가한 자신만의 가치는 무엇이라고 생각하나요?

세 바 시 인 생 질 문

50

당신의 한계를 정하는 사람은

누구인가요?

'플라시보 효과'에 대해 들어 본 적이 있을 겁니다. 아무런 효과가 없는 약일지라도 효과가 있을 거라는 의사의 말로 믿음이 생겨 실제로 증상이 호전되는 현상을 뜻합니다. 즉 누군가에게 영향을 받아 현재 상태가 완전히 달라지는 것을 의미하지요. 이 플라시보 효과는 종종 일상에서도 찾아볼 수 있는데, 누군가가 정해 둔 '한계'도 이에 해당됩니다.

　어떤 일에 도전하는 데 있어 우리는 걱정과 두려움을 느낍니다. 확신을 갖고 싶어 주변에 조언을 구하기도 하고, 스스로 다짐을 하기도 합니다. 이러한 과정에서 누군가로부터 해낼 수 없을 거라는 말을 들을 수도 있습니다. 어느 이상 도달하기 어려울 거라고도 이야기합니다. 이때 우리는 스스로 정해 두지 않던 한계를 떠올리게 됩니다. 그것도 스스로가 아닌 다른 사람이 정해 놓은 한계선을 말입니다.

　'한계'라는 것엔 기준이 없습니다. 사람에 따라 크게 달라질 수도 있습니다. 누군가가 해내지 못한 일이라고 누구도 해낼 수 없는 건 아닙니다. 우리의 가능성은 오직 우리 자신만이 판단할 수 있어요. 질문의 답을 나 이외의 다른 곳, 다른 사람으로부터 찾는 순간, 한계가 이미 정해져 버린 건지도 모릅니다.

# #

당신의 삶을 반올림할 해시태그

스스로 한계를 정해 버린 일 :

#

#

#

#

#

#

#

#

#

#

#

#

1) 스스로 한계를 느끼게 된 배경에는 어떤 이유들이 있었을까요?

2) 스스로 혹은 남들이 정한 한계를 뛰어넘은 경험이 있나요? 무엇이 그것을 가능하게 했나요?

3) 자신이 한계라고 생각했던 것을 뛰어넘기 위해 새롭게 시도해 보고 싶은 것은 무엇인가요?

세바시 983회 | 한계를 말하는 자는 한 게 없다 | 박 재 민

서울종합예술학교 무용예술학부 전임 교수이자 배우입니다. 비보이, MC, KBS 스노보드 해설위원 타이틀도 가지고 있습니다. 쉽게 넘볼 수 없는 다양한 분야에서 활발히 활약할 수 있는 비결에 그는 '한계를 말하는 자들의 말에 귀 기울이지 않았던 것'이라고 답합니다. 누군가가 해내지 못한 일이라고 누구도 해낼 수 없는 것은 아니니까요.

세 바 시 인 생 질 문

51

——

당신이 생각하는 좋은 회사란

어떤 곳인가요?

——

당신이 만약 직장인이라면 '월요병'을 경험한 적이 있을 겁니다. 과도한 업무로 인해, 까칠한 상사로 인해 일요일 저녁부터 괜스레 울적한 기분이 몰려오겠지요. 하루의 절반 이상을 보내는 직장이 즐겁지 않다면 당신은 수시로 가슴속에 품어 둔 사직서를 생각할 겁니다. 그러나 대안 없이 회사를 그만둔다는 것 또한 막막한 일입니다.

　　'절이 싫으면 중이 떠나라'라는 말이 있습니다. 직장 생활에서도 불만을 가진 자가 회사를 떠나야 한다고들 말하지요. 하지만 '내가 생각하는 좋은 회사'에 대해 깊이 생각해 본다면 조금의 가능성이 보일지도 모릅니다. 야근을 하더라도 그에 맞는 대우를 받는다면 좋은 회사라고 생각하는 사람이 있는 반면, 최고의 대우는 아니어도 일과 삶의 밸런스를 중요하게 생각하는 사람도 있으니까요. 그러고 보면 좋은 회사, 나쁜 회사는 주관적 기준에 따라 달라지는 건 아닐까요? 그 판단에 따라 우리가 할 수 있는 일도 많이 달라질 수 있겠고요.

　　내일도 출근길에 오를 우리에겐 생각보다 큰 힘이 있습니다. '월요병을 만드는 회사'에서 '내가 생각하는 좋은 회사'로 만들어 갈 힘 말입니다. 그 방법을 고민하고 실천하는 것만으로도 우리의 직장 생활은 크게 달라질 것입니다.

# #

당신의 삶을 반올림할 해시태그

낭신이 생각하는 좋은 회사의 조건 :

#

#

#

#

#

#

#

#

#

#

#

#

1) 지금 다니는 회사에서 만족스러운 부분은 무엇인가요?

2) 아쉬운 점이나 달라졌으면 하는 부분은 무엇인가요?

3) 당신이 생각하는 좋은 회사를 만들기 위해 당신은 어떤 노력을
할 수 있을까요?

세바시 433회 | 월요병이 없는 회사의 비밀 | 김 봉 진

우아한형제들을 창업하고 배달의민족 서비스를 탄생시켰습니다. 현재는 대한민국을 넘어 전 세계를
무대로 음식 산업의 미래를 다시 쓰고 있습니다. 음식과 기술을 결합한 그의 성공적인 시도만큼이나 유
명한 것은, 우아한형제들의 기업 문화입니다. 직원들이 '월요병이 없는 회사'라고 자처하는 우아한 형
제들의 기업 문화는 모든 스타트업의 모범이 되어 일하는 문화의 변화를 이끌어 내고 있습니다.

세 바 시 인 생 질 문

52

—

당신이 일하는 공간은

어떤 모습인가요?

—

한 회사가 가진 문화나 분위기는 그 회사의 공간을 보면 알 수 있습니다. 인테리어의 색감이나 파티션의 높이도 많은 것들을 말해주지요. 우리도 모르는 사이, 우리는 공간의 영향을 무척이나 많이 받으며 살아갑니다. 긴장감이나 편안함의 차이도 공간에서 오는 경우가 많습니다.

잠시 자신이 일하는 공간을 한번 떠올려 볼까요? 하루에 절반 이상 머무르는 자리를 머릿속에 그려 보세요. 책상의 넓이나 색감, 옆자리와의 거리, 천장의 높이는 어떤가요? 익숙한 공간일수록 곧바로 떠올리기 쉽지 않을지도 모르겠네요. 사소한 것같이 보여도 사실 이 모든 것들이 우리의 창의력에도 많은 영향을 줍니다. 생각이 뻗어 나갈 수 있는 힘도 크게 달라져요. 그래서 어떤 공간에 머무르냐는 우리 인생에 있어 매우 중요한 부분이 됩니다.

이따금 탁 트인 공간에 앉아 동료와 이야기를 나눌 때면 공간의 중요성을 몸소 깨닫습니다. 개방적인 공간에서는 대화도 편안하게 느껴지죠. 새로운 아이디어도 왠지 잘 떠오르는 것 같고요. 탁 트인 시원한 공간에서 우리의 사고는 보다 유연해집니다. 익숙해진 공간일수록 변화가 필요하지 않은지 생각해 봐야 하는 이유도 바로 여기에 있답니다.

# #

당신의 삶을 반올림할 해시태그

당신에게 창의적 자극을 주는 공간 :

\#

\#

\#

\#

\#

\#

\#

\#

\#

\#

\#

\#

1) 당신에게 활력을 주었던 공간은 어떤 특징을 가지고 있나요?

2) 당신을 위축시키는 공간은 어떤 공통점이 있나요?

3) 지금 일하는 공간에 변화를 준다면, 무엇부터 바꾸고 싶은가요?

세바시 946회 | 행복한 일터의 황금 비율 | 유 현 준

홍익대학교 건축대학 교수이자 (주)유현준건축사사무소 대표 건축사입니다. 하버드 대학교를 우등으로 졸업 후 세계적인 건축가 리처드 마이어 사무소에서 실무를 한 경험을 가지고 있습니다. 대표 저서로는 《어디서 살 것인가》가 있습니다. '공간이 곧 삶이다!' 그가 자신의 책과 건축 작품을 통해 강조하는 메시지는 이렇게 한 문장으로 축약됩니다.

—

일과 삶의 균형을 위해 당신은

어떤 노력을 하고 있나요?

—

수면 이외에 성인이 가장 많은 시간을 들이는 활동은 단연 '일'입니다. 직장에서 대부분의 시간을 보내지요. 하지만 이 직장 생활이 모두에게 늘 즐길 만한 시간이 되는 건 아닙니다. 반복적인 일상이기도 할 뿐더러 새로운 도전이 부족한 이유가 있을 수 있습니다.

다행히 요즘은 이전에 비해서 균형을 잡고자 하는 사람들이 늘어난 듯합니다. 더 나은 미래를 위한 오늘의 희생이라고는 해도 죽어라 일만 하며 사는 삶은 행복한 삶과 거리가 먼 일이라는 것을 깨닫는 사람들의 변화를 위한 다양한 시도가 눈에 뜨입니다. '워라밸(work-life balance)'이라는 신조어도 생겨났지요. 삶의 만족과 행복을 위해 일의 무게를 적절히 조절하려는 시도로 보입니다.

이러한 균형을 위해서는 속해 있는 직장 내에서 어떻게 기쁨을 늘려갈 수 있을지를 고민하는 것도 중요합니다. 직장에서 주어진 일을 수행하기만 하는 수동적 태도를 넘어 직장에서 보내는 시간을 좀 더 즐길만한 시간으로 전환하기 위한 보다 적극적인 시도가 필요합니다. 동료들과 머리를 맞대어 아이디어를 찾고 회사를 향해 발전적인 목소리를 낼 수 있는 기회를 만들어 보는 건 어떨까요. 당신의 작은 시작이 큰 변화를 만들어 낼 수 있습니다.

# #

당신의 삶을 반올림할 해시태그

일과 삶의 균형을 위해 필요한 시도 :

\#

\#

\#

\#

\#

\#

\#

\#

\#

\#

\#

\#

1) 현재 당신의 일상 속 '일과 삶'의 비중은 어떠하며 당신이 추구하는 '워라밸'의 수준과 어떤 차이가 있나요?

2) 자신이 추구하는 워라밸의 수준에 도달하려면 어떤 방법이 있을
까요?

3) 현재의 직장을 통해 워라밸의 수준을 높이고 더 나은 직장으로 만들어 가기 위해 어떤 제안을 하고 싶은가요?

세바시 768회 | 행복한 직장의 비밀 | 박 지 영

LG유플러스의 즐거운 직장팀 팀장입니다. LG 유플러스의 구성원이 행복한 직장 생활을 할 수 있도록 돕는 일을 하고 있습니다. 그렇기에 직장인들이 원하는 '꿈의 직장'에 더 가까운 회사를 만들기 위해 고민과 노력을 아끼지 않습니다. 어떤 사람이든 일과 삶의 균형이 맞을 때 최고의 성과를 낼 수 있기 때문입니다.

세 바 시 인 생 질 문

54

———

당신은 일상 속 작은 행복을

누리며 살고 있나요?

———

배우 김수현의 복귀작으로 화제가 된 드라마 <사이코지만 괜찮아>에서 하나뿐인 형을 위해 자신의 삶을 희생하는 주인공에게 직장동료는 이렇게 말합니다. "내가 먼저 행복해져야만 주변 사람들도 행복하게 만들어 줄 수 있어요." 이 말을 들은 주인공은 한동안 먹먹한 표정을 짓습니다.

아마도 그 주인공은 더 나은 미래를 위해서라면 현재는 조금 희생되어도 괜찮다고 생각했는지도 모르겠습니다. 행복은 가까이 누릴 수 없는 일, 누려서는 안 되는 일이라고 믿고 있었는지도 모르겠고요. 당장 오늘을 살아가는 데 급급한 나머지, 스스로 어떨 때 행복감을 느끼는 사람인지조차 까맣게 잊어버린 건 아닐까요?

행복이란 꼭 매일매일을 치열하게 살아야만 얻을 수 있는 '결과'가 아닙니다. 알 수 없는 미래의 것도 아니에요. 행복은 매일 우리 곁, 우리가 살아가는 '과정' 속에 존재합니다. 좋아하는 사람과 마주 앉아 밥을 먹을 때, 좋아하는 길을 여유롭게 걸을 때, 잠자리에 누워 좋아하는 음악을 들을 때, 그렇게 좋아하는 것들을 가까이 두었을 때 행복은 이미 우리 곁에 머물고 있으니까요.

# #

당 신 의 삶 을 반 올 림 할 해 시 태 그

당신을 행복하게 만드는 소소한 일 :

#

#

#

#

#

#

#

#

#

#

#

#

1) 최근 당신이 행복하다고 느꼈던 순간은 언제였나요? 그 이유는 무엇이었나요?

2) 소소한 행복임에도 자주 누리지 못했던 것들이 있다면 무엇인가
요?

3) 일상 속 작은 행복을 누리기 위해 노력이 필요하다고 생각되는
것이 있다면 무엇일까요?

_____

_____

_____

_____

_____

_____

_____

_____

_____

_____

세바시 1153회 | 작지만 좋아하는 일을 매일매일 실행해야 하는 이유 | 박 요 철

작지만 경쟁력 있는 브랜드를 발굴하고 돕는 브랜드 컨설턴트입니다. 대한민국 40대 평범한 가장인 그
는 경쟁에 도태되면서 무기력감과 좌절을 경험했습니다. 그러다 가장 나다운 삶을 위한 '스몰스텝'을
시작하게 되었고, 작지만 꾸준히 할 수 있는, 나를 행복하게 하는 일을 매일 실천하다보니 현재는 글과
강의를 통해 매일 천 명이 넘는 사람들과 소통하는 '핵인싸'로 살고 있습니다.

세 바 시 인 생 질 문

55

———

여행을 통해 진정한 휴식을 얻으려면

어떤 준비가 필요할까요?

———

여행에 대한 욕구가 높아졌습니다. 일상에서 지친 마음을 여행에서 회복할 수 있으리라는 믿음 때문일 겁니다. 때로는 상처입거나 주저앉은 마음을 치유할 수 있으리라는 기대를 갖기도 할 테고요. 그만큼 요즘은 바쁜 일상 탓에 에너지가 고갈되는 경우가 많다는 뜻이겠지요.

하지만 여행에서조차 우리는 '잘해야 한다'는 생각과 '완벽해야 한다'는 생각을 놓아 버리기가 쉽지 않습니다. 일상에서만큼이나 큰 걱정과 불안을 여행 내내 안고 다니기도 합니다. 그로 인해 여행은 휴식이나 회복과는 거리가 먼 또 다른 종류의 업무가 되어 버립니다.

여행으로부터 진정한 휴식과 회복, 치유를 얻기 위해서는 정말로 필요한 것이 무엇인지 알아야 합니다. 그 시간만큼은 일상에서 갖는 강박을 놓아 버릴 수 있는 용기도 필요해요. 몸의 휴식만이 아니라 영혼의 휴식이 될 수 있도록 말이죠. 그래서 꼭 먼 곳으로 떠날 필요는 없습니다. 일상을 변주할 짧은 산책, 가벼운 소풍만으로도 충분하지요. 영혼이 쉬어 가고 회복할 수 있는 여행은 긴 시간 혹은 엄청난 준비가 필요한 것이 아니라는 걸 기억하기 바랍니다. 그러면 기분내키는 대로 휙 떠나 볼 수 있는 여행이 가능해지는 겁니다. 열심히 일한 당신에게 깜짝 선물을 하듯, 오늘 오후 어디로든 가볍게 한번 떠나 보시는 건 어떨지요?

# #

당신의 삶을 반올림할 해시태그

휴식을 위한 여행에 꼭 필요한 준비물 :

\#

\#

\#

\#

\#

\#

\#

\#

\#

\#

\#

\#

1) 여행을 계획할 때 가장 크게 기대하는 것은 무엇인가요?

2) 아쉬움이 남는 여행을 되짚어 볼 때 어떤 것들이 후회가 되나요?

3) 지금 자신에게 필요한 여행은 어떤 여행일까요?

_____

_____

_____

_____

_____

_____

_____

_____

_____

_____

세바시 238회 | 내가 떠나는 이유 | 손 미 나

남들이 부러워하는 지상파 아나운서를 그만두고 스페인으로 떠났습니다. 스페인에서 돌아온 뒤 새로운 여정을 시작했습니다. 여행작가로, 사업가로, 허프포스트 코리아의 편집장으로 그리고 인생학교 서울의 교장으로 활약하면서, 도전과 모험을 지속하고 있습니다.

세 바 시 인 생 질 문

56

———

당신에게는 사유하고 사색하기 위한

공간이 있나요?

———

디즈니 애니메이션 <미녀와 야수> 속에는 으리으리하고 웅장한 성이 등장합니다. 책을 좋아하는 야수는 그 안에 아름다운 서재를 꾸며놓았지요. 여자 주인공인 '벨' 또한 책을 무척 좋아하는 소녀입니다. 야수처럼 근사한 서재를 갖고 있지는 않지만, 수시로 책방에 들러 좋아하는 책을 빌리고, 좋아하는 공간에 머물며 자신만의 시간을 보냅니다. 그 순간, 그녀의 얼굴은 무척 행복해 보입니다.

우리 삶에 있어서도 '여유롭게 책을 읽을 공간'은 반드시 필요합니다. 단순히 책을 읽기 위함이 아닌 조용히 혼자만의 시간을 갖기 위함도 있지요. 시간이란 것은 우리 스스로 붙잡지 않으면 생각할 틈도 없이 빠르게 흘러가 버리고 마니까요.

나만의 시간을 갖는 곳이 꼭 애니메이션 영화 속 서재처럼 화려하지 않아도 괜찮습니다. 집 앞에 있는 작은 카페여도 좋아요. 좋아하는 장소에서 좋아하는 책을 읽는 시간. 그 시간을 통해 미뤄 뒀던 생각을 꺼내보고, 더 깊이 있는 삶을 고민하는 데 의미가 있습니다. 세상 어딘가에 그런 공간이 있다는 사실만으로도 우리는 지금보다 삶을 돌아볼 여유를 가지며 살아갈 수 있을 것입니다.

# #

당신의 삶을 반올림할 해시태그

당신이 자주 찾는 사색의 공간 :

\#

\#

\#

\#

\#

\#

\#

\#

\#

\#

\#

\#

1) 당신이 책을 읽고 싶은 공간은 어떤 공간인가요? 자주 찾는 공간
이 있나요?

2) 당신이 혼자만의 시간을 갖고 싶을 때 찾는 공간은 어디인가요? 어떤 특징을 지닌 곳인가요?

3) 그 시간과 공간을 통해 당신은 무엇을 얻나요?

세바시 904회 | 자기 서재를 갖는다는 것의 의미 | 장 석 주

시인이자 소설가, 문학 평론가입니다. 글을 쓰고 읽는 여러 직업을 거쳐 현재는 전업 작가로 경기도 안성의 금광 호숫가에 터를 잡았습니다. 한때는 온전히 자신만의 서재를 꿈꾸며 책을 소유하는 걸 추구했던 그이지만, 아이러니하게도 서재 없이 살고 있습니다. 읽고 싶은 책 한 권과 햇볕이 잘 드는 창가라면 그곳이 최고의 서재임을 깨달았기 때문입니다.

세 바 시 인 생 질 문

57

—

더 나은 삶을 위해 당신의 공간에는

어떤 변화가 필요할까요?

—

인간은 공간과 밀접한 관계를 갖고 있습니다. 장소가 사람의 마음에 미치는 영향은 우리가 짐작하는 것보다 훨씬 크죠. 집에만 있을 땐 무기력하다가도 시내 거리로 나서면 에너지가 생기기도 하고, 스트레스가 높고 마음이 번잡할 때 고요한 숲길을 걸으면 마음의 안정을 얻기도 합니다. 또 집에서는 도저히 집중이 되지 않던 공부가 카페나 도서관에서는 잘되기도 하고요.

이렇게 우리는 알게 모르게 공간의 영향을 받으며 살아갑니다. 누구든지 자신이 머무르고 있는 환경의 자극을 받기 마련인 거지요. 그렇기에 자신이 공간에서 어떤 영향을 받는지 세심하게 알고 있다면 살아가는 데 큰 도움이 됩니다. 어떤 공간이 행복감을 주는지, 또 어떤 공간에서 불편해지는지, 어떤 공간에서 업무 효율이 높고, 어떤 곳에서 힐링이 되는지를 알아 두는 것이죠. 그러면 다양한 상황마다 그에 알맞게 공간을 활용해 볼 수 있습니다.

어디를 가든지 공간을 통해 마음에 일어나는 미세한 변화를 관찰해 보세요. 업무 효율도 높이고, 마음도 돌볼 수 있는 자신을 위한 유익한 정보를 쌓아 갈 수 있을 테니까요. 그 정보를 통해서 삶의 질을 한층 더 끌어올릴 수 있기를 바랍니다.

# #

당신의 삶을 반올림할 해시태그

당신의 공간에서 바꾸고 싶은 부분:

#

#

#

#

#

#

#

#

#

#

#

#

1) 당신의 마음을 편안하게 만들어 주는 공간은 어디인가요? 그 이유는 무엇 때문일까요?

2) 어떤 장소에서 유독 불편함을 느끼나요? 그 이유는 무엇 때문일
까요?

3) 당신이 주로 머무는 공간을 당신에게 꼭 알맞게 만들기 위해 무엇을 바꿔 볼 수 있을까요?

세바시 1123회 | 좋은 공간과 멋진 삶은 공통점이 있다 | 김 종 완

종킴 디자인 스튜디오 소장입니다. 프랑스의 명문 디자인학교 에콜 카몽도에 최연소 입학했고, 공간과 제품 디자인과를 수석으로 졸업했습니다. 그의 공간 철학은 '사람의 기분'과 연결되어 있습니다. 모든 사람은 공간의 영향을 받으며 살아갑니다. 공간을 통해 자신에게 일어나는 미세한 변화를 알 때, 삶의 질을 높여 갈 수 있습니다.

세 바 시 인 생 질 문

58

———

당신은 상대방의

있는 그대로의 모습을 보고 있나요?

———

함께 살아가는 이상 누구에게나 '소통'은 중요합니다. 중요한 만큼 어떻게 하면 잘할 수 있을지 고민도 크지요. 남녀노소 불문하고 소통에 관한 어려움을 호소하는 경우를 종종 접합니다. 가까운 관계일수록 그 문제가 크고 복잡하다는 것도 알 수 있습니다.

사람들은 소통을 한다고 생각하지만 사실은 머리로 접근하는 경우가 대부분입니다. 마치 물건을 평가하고 계산하듯이 상대방을 판단하고 결론지어 버리는 겁니다. 그 안에서 사람들은 상처를 받게 됩니다. 소통은 결국 사람과 사람 사이가 연결되는 일이라는 것을 기억해야 합니다. 인간이란 각 개인의 특성이 모두 달라 단 시간에 파악할 수 있는 존재도 아닐 뿐더러 서로를 이해하는 과정 또한 단시간 내에 이루어질 수 있는 일이 아닙니다. 인간이란 그렇게 단순한 존재가 아니니까요.

그 문제를 해결하기 위해서는 먼저 우리에게 습관적으로 상대방을 판단하고 평가하는 경향이 있다는 점을 인정하는 것이 필요합니다. 그렇게 머리로만 접근하는 것이 상대방에게는 상처가 될 수 있다는 사실도 기억해야 합니다. 자신이 쉽게 저지르게 되는 오류, 습관을 의식한다면 일상적인 소통에서 조금 더 주의를 기울이게 되지 않을까요? 그렇게 소통 속에서 이성의 힘을 조금 느슨하게 가질 수 있을 때 우리는 더욱 안전하게 연결될 수 있을 겁니다.

# #

당신의 삶을 반올림할 해시태그

상대방을 함부로 평가하지 않기 위한 노력 :

#

#

#

#

#

#

#

#

#

#

#

#

1) 자신의 틀에 맞춰 상대를 판단하거나 강요하여 갈등을 빚은 경험이 있나요?

2) 누군가와 소통하는 과정에서 상처받은 경험이 있나요? 그 이유는 무엇일까요?

3) 함께 소통할 때 가장 중요하게 여겨야 할 덕목은 무엇일까요?

세바시 1107회 | 소통과 공감을 잘하려면 '에포케'를 기억하세요 | 권 수 영

연세대 상담 코칭 지원 센터 센터장이며, 연합신학대학원 상담학과 교수입니다. 현대인은 늘 인간관계 속에서 갈등을 겪고, 스트레스를 받습니다. 이때 인간관계와 소통의 문제를 해결할 수 있는 방법은 단 하나입니다. 나의 생각과 판단을 중지하고 상대의 이야기를 듣는 것입니다. 상대의 마음에 공감하는 것입니다. 그는 이 원리를 하나의 단어로 표현합니다. '에포케!', 판단을 중지하라는 뜻입니다.

세 바 시 인 생 질 문

59

당신은 자신과 충분히 소통하며

살고 있나요?

인간은 모두 관계 속에서 살아갑니다. 출생을 맞는 순간부터 죽음이 다가올 때까지 늘 누군가와 함께이지요. 그런데 이 관계라는 것이 참으로 쉽지가 않습니다. 부딪히며 갈등을 겪고 상처를 입기도 해요. 섬처럼 각기 떨어져 홀로 살았다면 문제가 없었을 수도 있는데, 서로 부대끼는 가운데 혼란스러운 일들이 끊이지 않습니다. 그렇기에 연륜이 있는 중년, 노년의 어른들까지도 끊임없이 관계의 문제로 고민하며 살아가는 것을 봅니다.

사실 인간관계의 문제는 '내가 나를 어떻게 이해하는가'와 밀접하게 닿아 있습니다. 자신을 입체적으로 이해하지 못하는 사람은 타인을 보는 시각도 경직될 수밖에 없어요. 타인을 단순하게 규정지어 버리면 갈등을 피하기 어렵겠지요.

그렇기에 우리는 어렵고 복잡한 인간관계를 유연하게 가꿔 갈 수 있도록, 먼저 '나 자신'을 정직하게 탐색해 볼 필요가 있습니다. 유일무이한 개성과 특성뿐만 아니라 결점과 모순까지도 말이에요. 그렇게 있는 그대로의 자신을 먼저 이해할 수 있다면 타인을 보는 시각이 달라지고, 어렵기만 하던 인간관계에서도 부드럽게 대처할 수 있는 지혜가 생겨나지 않을까요?

# #

당신의 삶을 반올림할 해시태그

자신과의 소통을 위해 꼭 필요한 것 :

\#

\#

\#

\#

\#

\#

\#

\#

\#

\#

\#

\#

1) 자신이 가진 특성 중 불만스러운 부분은 어떤 것인가요?

2) 그 원인과 이유에 대해 자신과 충분히 소통해 보았나요? 어떤 생각들이 오갔나요?

3) 있는 그대로의 자신을 인정하기 위해서는 어떤 과정, 어떤 마음의 자세가 필요할까요?

세바시 559회 | 인간관계, 그 무대의 뒤편 | 최 양 숙

연세대학교에서 상담학을 공부했고 현재는 다움상담코칭센터의 부원장입니다. 숲속에 있을 때, 보름달을 볼 때, 구름, 꽃, 바람의 신비를 느낄 때 우리는 진정 살아 있음을 느낍니다. 무엇보다도 타인과 함께할 때 삶의 생생함을 느낍니다. 나와 다른 타인, 그들과 더 잘 살아가기 위해 배워야 하는 가장 중요한 것은 바로 '대화의 방식'이라고 그는 말합니다.

세 바 시 인 생 질 문

60

———

당신은 다양성을
존중하는 사람인가요?

———

사람은 기본적으로 타인을 경계하고 나와 다른 사람을 구분 짓는 경향이 있습니다. 이런 경향은 우리의 뇌가 원시시대 때부터 길들여져 온 방식이 그러하기 때문이라고 하는데요, 생존을 위해서 자기 부족과 다른 부족을 철저히 경계 짓던 습관의 연장선이라고 볼 수 있습니다. 즉, 뇌의 습성인 것이지요. 하지만 현대에 와서는 이 습성이 도움이 되지 않고 있습니다.

나와 다른 모습, 다른 의견을 가진 사람을 적대시하거나 '남의 편'이라고 단정짓는 것은 이득이 되지 않습니다. 적을 많이 만드는 게 도움이 될 리가 없지요. 사회적 동물인 우리는 타인과 연결되어 서로 좋은 에너지를 주고받으며 살아가야 하니까요.

그렇다면 사람과 사람이 서로 연결되기 위해서는 무엇이 중요할까요? 바로, 다양성에 대한 이해입니다. 우리 모두가 다른 경험을 가지고 있다는 것. 그렇기에 같은 일을 하거나 같은 정보를 받아들이더라도 다르게 생각하고 느낄 수 있다는 것을 받아들이는 겁니다. 그렇게 '다름'을 수용할 수 있을 때에 우리는 아군과 적군으로 나뉘지 않고 서로에게 힘이 되는 존재로 살아갈 수 있습니다. 다양한 사람들이 존중받으면서 우호적으로 좋은 에너지를 공유할 수 있게 되는 겁니다. 사람에게서 오는 행복은 그러한 연결로부터 시작되는 것이 분명합니다.

# #

당신의 삶을 반올림할 해시태그

자신과는 매우 다른, 사람들의 다양한 개성 :

\#

\#

\#

\#

\#

\#

\#

\#

\#

\#

\#

\#

1) 자신과 다른 성향을 가진 사람에게 매력을 느낀 경험이 있나요?
그 이유는 무엇 때문일까요?

2) 자신과 다른 성향을 가진 사람과의 인간관계로 힘들었던 경험이
있었다면 어떤 점에서 서로 달랐고, 어떤 점에서 힘들었나요?

3) 자신과는 다른 성향을 가졌지만 서로 존중하며 의지하는 관계로 발전한 경험이 있다면 상호간에 어떤 노력이 있었나요?

세바시 766회 | 뇌는 사람이 중요하다 | 장 동 선

뇌 과학자이자 과학 커뮤니케이터로 활동하고 있습니다. 독일 막스플랑크 바이오사이버네틱스 연구소와 튀빙겐 대학교에서 인간 인지 및 행동 연구로 사회인지신경과학 분야에서 박사 학위를 받았습니다. 2014년 독일 과학교육부 주관 과학 강연 대회 '사이언스 슬램'에 출전해 우승하면서 이름을 알렸습니다. 그는 우리 뇌는 소통하고 관계를 나누기 위해 진화했으며, 결국 나와 뇌의 행복은 다른 사람과의 관계로부터 시작한다고 말합니다.

세 바 시 인 생 질 문

61

—

당신은 반려인의 자격을
갖춘 사람인가요?

—

누구나 한 번쯤은 반려동물과 가족이 되고 싶은 꿈을 꾼 적이 있을 겁니다. 그들의 사랑스러운 모습을 일상 속에서 가까이 지켜보고 싶은 마음에 어릴 적 엄마에게 떼를 써본 경험도 있겠지요. 이미 반려동물과 함께 살고 있는 당신이라면, 고작 몇 시간 외출하고 돌아왔을 뿐인데 마치 몇 달을 못 본 것처럼 반갑게 맞아 주는 그들에게 감사한 마음을 가지고 있을 거예요. 그들이 있어 외롭지 않다고 느낀 적도 많았겠지요.

하지만 때때로 우리는 반려동물의 외로움에 무감각해질 때가 있습니다. 일이 너무 바빠서, 약속이 너무 많아서, 내 생활에 충실하다 보면 집에서 우리만을 기다리는 반려동물의 존재를 잊어버리고 맙니다. 정확히 말하면 그들도 기쁨과 슬픔, 외로움과 두려움을 느낄 수 있는 존재임을 잊어버린 거겠지요.

반려동물과 함께 살고 있거나, 함께 살고 싶은 당신이라면 반드시 생각해 봐야만 합니다. 그들의 주인이 아닌, 친구가 되어 줄 수 있는지. 그들이 우리를 보는 마음으로 우리 또한 그들을 바라볼 수 있는지. 그렇다면, 한 번뿐인 인생을 함께 할 반려인의 자격을 갖췄다고 말할 수 있을 것입니다.

# #

당신의 삶을 반올림할 해시태그

반려동물과 함께하고 싶은 이유 :

\#

\#

\#

\#

\#

\#

\#

\#

\#

\#

\#

\#

1) 반려동물로 인해 달라진 삶을 경험하거나 본 적이 있나요? 어떤 점이 달라진 것 같나요?

2) 반려동물을 행복하게 만드는 것들에는 무엇이 있을까요?

3) 반려동물과 함께하기 위해 스스로 변화가 필요하다고 느끼는
부분이 있다면 무엇일까요?

세바시 435회 | 당신은 왜 강아지를 키우세요? | 강 형 욱

대한민국에서 가장 유명한 반려견 훈련사이며, 보듬컴퍼니 대표입니다. 흔히 '개통령'이라고 불리는 그
는 예쁘고 귀엽다는 이유만으로 쉽게 반려견을 기르는 이들에게 일침을 가하며 반려견과 '바르게' 동거
하는 법을 가르치고 있습니다. 반려견 인구 1000만 시대, 반려견주에게 던지는 그의 질문은 결코 가볍
지 않습니다. "당신은 왜 강아지를 키우세요?"

세 바 시 인 생 질 문

62

———

건강한 사랑을 위해

당신은 어떤 노력을 하고 싶은가요?

———

사람과 사람이 만나 조화를 이루는 것은 쉬운 일이 아닙니다. 사랑하는 사람과의 관계는 특히 그러하죠. 낭만으로 시작했지만 파국으로 끝나기도 하고요. 정말 잘 맞는 사람이라고 생각했는데 큰 실망으로 이어지기도 합니다.

이 관계가 직장 동료나 친구보다 더욱 어려운 이유는 '가깝기' 때문이 아닌가 싶습니다. 어떤 사람이든 가까이서 보면 결함이나 단점을 더 쉽게 찾아낼 수 있습니다. 지켜야 할 경계가 허물어진 관계는 서로 상처를 주는 일도 빈번히 일어나고요. 그 사이에서 받는 상처는 다른 어떤 관계에서의 상처보다 깊은 흉터를 남깁니다. 그래서 누구보다 가까웠던 사람이 남보다 못한 아픈 기억으로 남게 되고요.

그럴 때일수록 인간의 보편적인 부족함에 대해 생각해 봐야 합니다. 자신이 완벽하지 않은 것처럼 그 사람도 완벽하지 않습니다. 모든 이들이 다르지 않습니다. 그렇기에 상처받는 일이 생기는 건 당연한 것이고요. 그저 조금씩 나아지려는 노력이 최선입니다. 어쩌면 사랑은 완벽한 사람을 찾아내는 게 아니라 부족한 사람 둘이 만나 발걸음을 맞춰 가는 노력의 과정일지도 모릅니다. 그렇기에 그 모든 실망과 상처에도 불구하고 부디 사랑을 포기하지 않기를 바랍니다. 점점 더 나아질 것이라는 믿음으로 함께 걸어갈 수 있기를 바랍니다.

# #

당신의 삶을 반올림할 해시태그

건강한 사랑을 위해 필요한 마음의 자세 :

#

#

#

#

#

#

#

#

#

#

#

#

1) 연인과의 만남에서 가장 중요하게 생각하는 것은 무엇인가요?

2) 큰 실망으로 끝난 관계, 또는 좋은 기억을 남기며 끝난 관계의 경험이 있나요? 그 경험을 통해 얻은 깨달음은 무엇인가요?

3) 건강한 사랑을 만들어 가기 위해 당신은 어떤 노력을 할 수 있을까요?

세바시 552회 | 사랑한다면 탱고처럼 | 김 수 영

작가이며 강연가, 유튜버입니다. 중학교를 중퇴하고 또래보다 1년 늦게 실업계 고등학교에 입학했고 KBS <도전골든벨>에서 우승해 마련한 장학금으로 대학에 입학했습니다. 2011~2014년에는 25개월에 걸쳐 전 세계 47개국에서 500여 명의 꿈과 사랑을 인터뷰한 내용을 바탕으로 《당신의 꿈은 무엇입니까》와 《당신의 사랑은 무엇입니까》를 출간했습니다. 지금도 그의 꿈과 도전은 현재진행형입니다.

세 바 시 인 생 질 문

63

———

당신은 사랑하는 사람에게

어떤 사람이 되어 주고 싶나요?

———

연애의 경험이 아직 많지 않을 때는 쉽게 이상형이나 연애에 대한 환상을 얘기하곤 합니다. 대부분 낭만과 열정에 대한 것이지요. 하지만 어떤 만남도 시간이 지나면 처음의 열정이 사라지고 낭만도 사라지게 됩니다. 자연스런 이치이겠지만요.

누구나 설레는 낭만으로 사랑을 시작하지만 결국엔 타인과 타인의 만남이라는 것을 깨닫게 됩니다. 장점을 보고 시작한 연애가 단점으로 인한 실망으로 끝나기도 하고, 뜨거운 열정으로 시작한 만남이 따가운 미움으로 끝나기도 합니다. 그래서 짧은 만남이 아닌 긴 시간 함께할 관계를 위해서는 지혜와 인내가 필요합니다.

그렇다면 이쯤에서 포커스를 자신에게로 가져와 보는 것은 어떨까요. 상대가 아닌 스스로가 어떤 사람인지 살펴보는 거지요. 그리고 만남이 시작된 후에는 그 사람으로 인해서 어떤 변화를 갖게 되는지 생각해보는 겁니다. 나아가 그 사람에게 어떤 사람이 되어 줄 수 있을지를 고민해보는 겁니다. 그러면 실망 대신 '나 자신'에 대한 이해가 커지겠지요. 낭만이 지나가도 사람은 남아 있습니다. 연애도 결혼도 결국엔 사람과 사람의 만남임을 잊지 말아야 해요.

# #

당신의 삶을 반올림할 해시태그

연애에 대해 가졌던 기대와 오해 :

\#

\#

\#

\#

\#

\#

\#

\#

\#

\#

\#

\#

1) 연애를 하면서 가졌던 기대가 큰 실망으로 이어졌던 경험이 있다
면 어떤 일이었나요?

2) 연애에서 가장 필요한 자세는 무엇이라고 생각하나요?

3) 당신은 상대방에게 어떤 연인이 되어 주고 싶은가요?

세바시 196회 | 우리가 연애를 할 때 알아야 할 이야기들 | 김 태 훈

음악, 영화를 포함한 대중 예술의 영역에서 종횡무진 활약하는 팝 칼럼니스트이며, TV와 라디오 프로그램에서 수년간 활동한 연애 카운슬러입니다. 그는 특유의 친근하고 재치 있는 입담으로 사람들의 설렘을 응원하고 실연을 위로해 주고 있습니다.

세 바 시 인 생 질 문

64

———

당신에게 '결혼 전 꼭 필요한 준비'는

무엇인가요?

———

한 사람을 만나 가정을 꾸린다는 것은 인생에서 아주 큰 사건입니다. 따라서 배우자가 될 사람을 만나는 일은 인생에서 가장 신중해야 할 일이 분명합니다. 그 때문인지 결혼을 앞두고도 마지막까지 곧 배우자가 될 사람에 대해 확신을 갖지 못하고 고민하는 사람들이 참 많습니다.

결혼을 하고 난 후 서로 노력하는 과정도 중요합니다. 하지만 그 전에 먼저 충분히 고민하는 단계를 거치는 게 우선이겠지요. 배우자로서 서로에 대한 사랑의 감정을 확인하는 것을 넘어 어떤 가정을 원하는지, 어떤 아빠 또는 엄마가 되고 싶은지 등에 대해서도 충분히 생각할 수 있어야 합니다. 그리고 예비 배우자와 함께 그런 생각에 대해 이야기 나눌 수 있어야 합니다. 대화를 통해 서로의 가치관을 공유하고, 충분히 의논하는 시간을 거치는 겁니다.

그 과정을 통해 우리는 결혼과 관련한 자신의 욕구를 이해하게 됩니다. 동시에, 결혼을 향한 상대의 욕구를 파악하게 됩니다. 상대가 나에게 어떤 배우자가 되어 줄 수 있는지, 또한 상대방에게 자신이 어떤 배우자가 될 수 있을지를 알아 가게 되는 거지요. 이러한 이해를 바탕으로 한다면 함께 살면서 결혼 후에도 의견을 맞춰 가는 일이 훨씬 수월해지지 않을까요? 낭만과 환상으로만 시작해서 실망에 빠지기보다는, 이렇게 현실적인 과정을 충분히 거치는 것이 후회 없는 결혼을 위한 최고의 예방책이 될 거라 믿습니다.

당신의 삶을 반올림할 해시태그

예비 부부로서 함께 이야기해 봐야 할 주제 :

\#

\#

\#

\#

\#

\#

\#

\#

\#

\#

\#

\#

1) 부부가 되기 위해 가장 중요하게 고려해야 할 것은 무엇인가요?

2) 함께 가정을 이루어 갈 배우자에게 가장 기대하는 것은 무엇인가요?

3) 좋은 배우자가 되기 위해서 나는 어떤 점을 개선해 볼 수 있을까요?

세바시 1028회 | 여성들이 결혼 상대로 고려해야 할 멋진 남자란? | 김 치 호

모던파더를 위한 라이프스타일 매거진 <볼드 저널>의 발행인입니다. 디자이너로 일하던 시절 잦은 야근으로 아이에게 외면받기 일쑤였습니다. 삶의 우선순위를 재정립하기 위해 다니던 회사를 그만두었고, 그길로 괜찮은 아빠들, 남자들을 만나 그들의 이야기를 잡지에 실었습니다. 누군가의 배우자로서, 가족의 구성원으로서 어떤 마음가짐을 가져야 하는지 멋진 아빠들에게서 배울 수 있었습니다.

세 바 시 인 생 질 문

65

———

당신은 매 순간
최선의 선택을 하고 있나요?

———

인생은 매일이 선택의 연속입니다. 버스를 탈 것인가, 지하철을 탈 것인가. 점심으로 밥을 먹을 것인가, 면을 먹을 것인가. 퇴근 후에 친구를 만날 것인가, 집으로 갈 것인가. 알게 모르게 우리는 더 나은 선택을 하기 위해 고민하고 또 고민합니다. 하지만 그 선택의 결과가 매번 만족스러운 건 아닙니다. 인생에 큰 영향을 주는 선택일수록 후회와 미련이 더 오래가기도 하지요. 그럼에도 우리는 선택을 멈출 수가 없습니다. 삶은 지금 이 순간에도 계속되고 있으니까요.

그러나 세상에 완벽한 선택은 없습니다. 최선의 선택으로 만들기 위해 노력하는 우리가 있을 뿐입니다. 비록 후회가 남는 선택을 했을지라도 계속해서 삶을 살아가는 우리에겐 얼마든지 만회할 기회가 있습니다. 때때로 후회로 남아 있던 선택이 훗날 아주 잘한 선택이었다고 느껴지는 경우도 있지요. 그래서 인생은 재미있는 것 같습니다. 그 누구도 앞날을 알 수 없는 게 인생이니, 우리가 할 수 있는 일은 그저 지금 이 순간 마음이 이끄는 대로 최선을 다해 선택을 내릴 뿐입니다.

지금 선택의 기로에 선 당신이라면, 과거도 미래도 아닌 현재의 자신을 위한 결정에 집중해 보길 바랍니다. 우리는 앞으로도 수많은 갈림길에 서게 될 것이고, 그때마다 판단 기준이 되는 것은 언제나 '나', 그중에서도 현재의 기쁨을 누릴 자격이 있는 '나'일 테니까요.

\#

당신의 삶을 반올림할 해시태그

그간의 삶을 통해 최선이었다고 생각하는 선택 :

\#

\#

\#

\#

\#

\#

\#

\#

\#

\#

\#

\#

1) 최선의 선택을 내리기 위해 가장 중요하게 여기는 것은 무엇인가요?

2) 가장 만족스러웠던 선택과 가장 후회되는 선택이 있다면 무엇인가요?

3) 둘 사이의 가장 큰 차이점은 무엇이라고 생각하나요?

세바시 1148회 | 내 선택이 내 생각대로 잘되는 길 | 김 태 균

개그 콤비 '컬투'로 유명한 개그맨입니다. <두시탈출 컬투쇼>, <대국민토크쇼 안녕하세요> 등 흥행 중심에는 언제나 그가 있었음에도 남모를 눈물과 어려움의 시간이 있었습니다. 그대로 좌절해도 전혀 이상하지 않을 순간에도 그는 꼭 다시 일어나곤 했습니다. 매일이 선택의 연속인 인생이지만 모든 선택을 최선의 선택으로 만들기 위해 노력했기 때문입니다.

《세바시 인생질문》은
3부 나는 무엇을 할 것인가로 이어집니다.